远 见 成 就 未 来

GROUP

建 投 书 店 投 资 有 限 公 司
More than books

从拉德克利夫学院毕业的海伦。
（图片来源：AP/Aflo）

7岁的海伦,她虽然抱着可爱的小狗,却看不见手中小狗的模样。(图片来源:AP/Aflo)

在科德角度假的海伦和安妮，安妮总是在最近的距离陪伴着不断探索和拓宽认知世界的海伦。（图片来源：Wikimedia Commons）

10岁的海伦和安妮,两人正在通过手语交流。(图片来源:AP/Aflo)

1904年的拉德克利夫学院。（图片来源：Wikimedia Commons）

海伦·凯勒的故居"常青藤绿园",至今基本保存完好,1970年入选美国国家历史名胜。(图片来源:Wikimedia Commons)

布莱叶盲文拉丁字母表，它通过三行两列六个点位的不同组合来表示字母。

我是
海伦·凯勒

学习给我的世界带来光明、声音和意义

筑摩书房编辑部 著
鲍宇卉 译

中国出版集团
中译出版社

图书在版编目（CIP）数据

我是海伦·凯勒/日本筑摩书房编辑部著；鲍宇卉译.--北京：中译出版社，2019.7
ISBN 978-7-5001-5978-0

Ⅰ.①我… Ⅱ.①日… ②鲍… Ⅲ.①凯勒（Keller, Hellen 1880-1968）—传记 Ⅳ.①K837.127=533

中国版本图书馆CIP数据核字（2019）第149819号

CHIKUMA HYODEN SERIES "PORTRAIT" HELEN KELLER: KODO SURU SHOGAISHA SONO HARAN NO JINSEI
Copyright © CHIKUMASHOBO LTD. 2014
Chinese translation rights in simplified characters arranged with CHIKUMASHOBO LTD. through Japan UNI Agency, Inc., Tokyo and Hnahe International (HK) Co., Ltd., Beijing.

版权登记号：01-2018-8199

我是海伦·凯勒

出版发行	中译出版社
地　　址	北京市西城区车公庄大街甲4号物华大厦六层
电　　话	（010）68359101；68359303（发行部）； 68357328；53601537（编辑部）
邮　　编	100044
电子邮箱	book@ctph.com.cn
网　　址	http://www.ctph.com.cn
出 版 人	张高里
特约编辑	冯丽媛　楼伟珊
责任编辑	郭宇佳　孔吕磊
封面设计	肖晋兴
排　　版	壹原视覺
印　　刷	北京中科印刷有限公司
经　　销	新华书店
规　　格	787毫米×1092毫米　1/32
印　　张	4.5
字　　数	41千字
版　　次	2019年7月第1版
印　　次	2019年7月第1次
ISBN 978-7-5001-5978-0	定价：32.80元

版权所有　侵权必究
中译出版社

世界上最美好的东西是看不到也摸不到的……它们只能被心灵感受到。

——海伦·凯勒

写在前面的话

现在请你准备一块不透光的黑布并关掉电视或音响,用布蒙住眼睛并在脑后系好,再用手紧紧捂住自己的耳朵。

窗外的蓝天、书本上的文字、你喜欢之人的面庞和你自己的手指都看不见了。音乐声、小鸟的鸣叫声、树叶的窸窣声、他人的声音和你自己发出的声音都听不到了。

你陷入一片无光、无声的黑暗寂静之中。

从出生后 19 个月起直到去世,海伦·凯勒都生活在这样的世界里。

19 世纪末,大多数盲聋人没有接受教育的机会。在这种情况下,他们不仅有视力或听力上的生理缺陷,更常常伴有智力上的缺陷。不单是盲聋人,所有残疾人普遍被视为低人一等。因此,他们多被藏于家中。家人们会隐瞒或忽视家中残疾人的存在,或将他们丢到福利院自生自灭。他们身无长技,只能在怪人秀里供人参观,或在路边向人乞讨以维持生计。

在那个时代,女性的地位很低。事实上,美国女性直到1920年才正式拥有参政权。上大学接受过高等教育的女性往往被视为女德受损,甚至被谣传无法生育。当时的大多数人认为,高等教育是为了男性而存在的,女性并不需要接受高等教育。男主外女主内,女性在家洗衣做饭、相夫教子,根本不需要知识和思考能力。

就是在这样的时代,海伦·凯勒在家庭教师安妮·沙利文的引导下考入了大学,取得了盲聋人的第一个文学学士学位,并为促进残疾人事业奋斗了一生。不仅在美国,她还在欧洲、亚洲、非洲等地进行演讲,积极向政府要员和知识分子游说，努力提高残疾人的地位。

身为女性又身有残疾，但海伦·凯勒紧紧抓住学习的机会，并将它化作战胜社会成见的力量。

海伦·凯勒的一生常被形容为一个"奇迹"，但越是了解她的人生经历，我们就越能感受到她的奇迹并不是偶然发生的。正是她的学习和忘我、热爱和希望、激情和好奇心以及从不间断的努力，才造就了她的奇迹。海伦·凯勒的故事告诉我们，要学会尊重每个人的不同个性激发潜能，而不论其是否身患残疾。

目 录

第一章　与沙利文老师相遇　*1*

第二章　身有残疾仍不断挑战　*35*

第三章　享受大学生活，参与社会活动　*61*

第四章　残疾人的希望之星　*89*

第五章　海伦与世界　*103*

结　语　*113*

年　表　*115*

参考文献　*121*

思考题　*125*

第一章

与沙利文老师相遇

出生后19个月便丧失视力和听力

1880年6月27日,在美国南方亚拉巴马州一个叫作塔斯坎比亚的小镇上,一名女婴诞生了。她的父亲名叫阿瑟·凯勒,母亲昵称凯特。父亲阿瑟是经营着种植园农场的富裕地主,在南北战争(1861—1865)期间曾当过南方联盟军的军官(上尉)。联盟军战败后,阿瑟放弃了收入剧减的种植园农场,转而经营起一家叫作"北亚拉巴马人"的报社并担任报社主编。

海伦出生在南北战争结束后的第15年,当时美国还残留着浓烈的战后气息。南北战争指的是,美利坚合众国与从合众国中脱离出去的、由南方各州组成的美利坚联盟国之间的内战。

自1700年起,以种植棉花为主的大农场和种植园就成为南方经济的重要支柱,而农场以非洲黑奴为主要劳动力。南方的棉花种植业随着英国纺织业在工业革命中的高速崛起而迅速壮大起来,因此,美国南方非常希望自己能够加入英国自由贸易圈。

在美国第二次独立战争(1812—1815)后,北方中断了来自英国的商品输入,自身的工业化进程因需求激增而急速发展;为了打压来自欧洲的商品,保护本国正在成长的经济,北方给进口产品加收了高额关税。

此外,黑奴已成为南方民众生活中不可或缺的重要组成,但北方民众认为不人道的蓄奴制度应该被废除,并要求解放黑奴。1860年,抨击南方蓄奴制度的亚伯拉罕·林肯当选美国总统,并且这时的参议院中大多数议员支持解放黑奴。因此，南方11州干脆从合众国中脱离出来，向北方23州组成的合众国宣战。交战5年间，两军死亡人数达62万人以上，远远超过第二次世界大战中美军40万人的牺牲人数。南北战争因此成为美国历史上牺牲人数最多、最惨痛的一次战争。内战最后以北方的胜利告终，南方的奴隶制因此被废除。这导致多数种植园农场难以继续维持经营，一时间出现许多破产的农场主，海伦的父亲阿瑟也因此放弃了农场经营。

凯特其实是阿瑟的第二任妻子。阿瑟的第一任妻子萨拉在为他留下两个儿子后去世，之后阿瑟与小自己20岁的凯特结婚。凯特的父亲查尔斯·亚当斯是马萨诸塞州出身的律师，凯特的母亲则出身于北方新英格兰地区（那里拥有全美最好的教育环境），两人婚后曾搬到南方的阿肯色州居住。查尔斯在内战期间加入南方联盟军，战后定居在田纳西州。南方女性以温柔纯良、顺从丈夫为美德，但也许受到家庭影响，凯特是一位清醒且独立的女性。她平时爱好阅读，关心时事，还支持女性争取参政权的运动。凯特性格开朗，身材高挑，体型纤瘦，有着碧蓝色的眼眸，是让本地人羡慕的大美人。

海伦的家在田纳西河附近，周围都是郁郁葱葱的树木，因此取名"常青藤绿园"。

婴儿时期的海伦总是开心地笑着，6个月时她就能说出一些简单的词语，1岁时慢慢学会了走路。海伦的语言天赋真的很高，因为一般来说，婴儿差不多要到1岁才能够说出像"妈妈""爸爸""狗狗""猪猪"这样的单词。

1882年2月，在出生后的第19个月，海伦高烧不退并伴随着腹泻。高烧持续了几日，海伦衰弱到连医生都认为她已经无药可救。当时海伦得的可能是猩红热、脑膜炎或风疹，但不管是哪一种病症,即便是现在,对一个年幼的婴儿来说都足以致命。

海伦总算活了下来,然而人们发现,海伦脸上失去了表情,叫她的名字时她没有反应。即便在她耳边大声叫喊,她也不会露出惊讶的表情或表现出任何受惊吓的反应。凑近并盯着她的眼睛,她也不会回望——海伦的视线不再被活动的东西所吸引。

病魔夺去了海伦的视力和听力。

无法表达意愿的焦躁

仅仅一岁半,海伦从一个充满色彩和声音的世界中被抽离出来,抛入一个黑暗寂静的沉郁世界。为什么会被独自一人丢弃到这样的世界中,海伦还不能够完全理解。

为什么自己会听不见？为什么会看不见？那个曾经色彩鲜明的世界去了哪里？母亲的声音为什么消失了？她无法向人发问，也不能够听到回答。无法表达自己的意愿会令人多么焦躁和不安呀，年幼的海伦只能独自一人去面对这样的现实。

父母带着海伦辗转看了几位眼科医生，可没有人回复"能够医好"，每位医生都下了"视力无法恢复"的诊断。母亲凯特受到重大打击，失去了原有的朝气，变得不愿意出现在人前了。

海伦突然失去了在患病之前学会的婴儿语言。她剩下的只有触觉、嗅觉和肢体动作。

没过多久，海伦就开始用手去触摸、用鼻子去嗅，试图分辨出人和事物。终于，她学会了用肢体动作来表达自己的意愿：点头表示"Yes"，摇头表示"No"；拉扯人表示"到这来"，手指着对面表示"去那边"；做出戴眼镜的样子表示父亲，将手放在脑后做出绾头发的样子表示母亲；想要面包的时候，就做出切开面包涂抹黄油的样子。海伦5岁前大约会使用60种这样的肢体语言。没有人教她，是海伦自己学会的。

当然，只有这些不足以将自己的思想和情感完全表达出来。海伦总是因此受挫，继而变得极其没有耐性。当自己的要求没有得到满足时，她会立刻变得暴躁起来，又摔东西又打人，趴在地上耍赖更是家常便饭。怀着无处发泄的沮丧，海伦能做的只有强硬地将自己的要求贯彻到底。

谁也不知道该怎样去管教这样的海伦。

吃饭的时候，海伦表现得更为过分。不论什么食物，她抓起来就吃；若是想要更多食物，她竟一声不吭地直接从别人的盘子里拿。海伦一感到饥饿，就立马变得暴躁起来，所以只要她想吃东西,即便是深夜,母亲凯特也只好到厨房准备。

> 与此同时,想要表达自己的欲望日渐强烈。但我所用的少量手势变得越来越不够用,而无法让自己为人理解会导致我大发脾气……经过一段时间,对于某种沟通手段的需求变得如此急迫,以至于这样的大发脾气每天都会发生,有时甚至是每时。
>
> (《海伦·凯勒自传》,葡萄社)

古往今来,身体不健全的人总是被认为无法适应社会生活,但其实问题在于残障者能否得到适当的教育。在当时,关注特殊教育的人少之又少,很多人觉得要教育像海伦这样的孩子几乎是不可能的事情。因此,亲戚朋友总是不断劝说阿瑟和凯特,让他们将海伦送到精神病院或福利院去。

但在读到一本书后,凯特对海伦的教育燃起了希望。这本书就是英国小说家查尔斯·狄更斯在1842年写的《游美札记》,其中讲到了一位年幼时就丧失视力和听力、住在波士顿的劳拉·布里奇曼的故事。劳拉能够使用"手指语"与人交流,通过手指动作让对方的手感受到所拼写的单词,用以表达意思。劳拉的恩师、珀金斯盲人学校的首任校长塞缪尔·格里德利·豪医生已经不在人世,但他留下的教学方法能不能用在海伦身上呢?凯特和阿瑟抱着这样的希望,不断寻找着适合海伦的教育方法。

与贝尔博士相遇

1886年,在海伦失去视力和听力后的4年多，希望之光终于到来了。一直以来，阿瑟和凯特仍然怀着一丝希望，只要听说哪里有优秀的医生，便立刻带着海伦登门拜访。这一年，他们拜访的医生一开始告诉他们"海伦无法治愈"，后又向他们介绍了一位致力于特殊教育事业的亚历山大·格拉厄姆·贝尔博士。

贝尔博士在1876年发明了电话，在世界上掀起了一场信息革命。与此同时，他长期致力于失聪者的教育和辅助事业，曾于1872年在波士顿创办了一所聋人学校。贝尔博士对聋哑人教育的关心，源于他母亲的影响。在他12岁时，他母亲的耳朵开始听不见声音，但他母亲能够理解贝尔用嘴抵着她额头时所说的话。十几岁的贝尔在家庭会议时担任向母亲传话的职责。这样的经历使贝尔对音响学产生了兴趣，也许是他日后发明电话的原因之一。

阿瑟给住在华盛顿的贝尔博士写了封信。

贝尔博士很快回信了,并在信中邀请阿瑟带着海伦一道前往华盛顿。塔斯坎比亚与华盛顿相隔几千千米,阿瑟义无反顾地带着海伦踏上了旅途。带着脾气暴躁的海伦,他的旅途自然不轻松,但与贝尔博士的相见让旅途中的疲惫一下子消失了。

> 他让我坐在他的双膝上,让我摆弄他的怀表,并向我展示它是如何报时的。他理解我的手势,而我也明白这一点,并立刻喜欢上了他。但我当时做梦也想不到,这次会面将为我打开那扇大门,让我得以从黑暗走进光明,从孤独走向友谊、同伴、知识和爱。(《海伦·凯勒自传》,葡萄社)

招待两人吃过晚餐,贝尔博士向阿瑟提出要给6岁的海伦安排一位家庭教师。他向阿瑟介绍了前文提到过的豪医生的女婿、珀金斯盲人学校的现任校长——迈克尔·阿纳格诺斯。阿瑟听从贝尔博士的建议给阿纳格诺斯写了信。

接到阿瑟的信后,阿纳格诺斯向他推荐了一位年仅20岁、以学校中最优秀成绩毕业的年轻女士——安妮·沙利文。

时至运来的安妮·沙利文

安妮是贫穷的爱尔兰移民之女,母亲在她8岁时去世了,父亲终日酗酒,对安妮不管不顾。不仅如此,幼年时患上的病症使安妮几乎看不见东西。随后安妮和弟弟吉米被送到马萨诸塞州州立救济院——有酒瘾和毒瘾的人、被家人抛弃的孤儿和老人以及精神病人都聚集于此。不分男女老幼、身体好坏，任何无处可去的人都会被送到这里。这里生活环境恶劣，生了病也得不到适当的治疗。老人、小孩以及身体病弱的人相继离世，弟弟吉米也没能够活下来。安妮觉得，如果继续在这里生活，自己一定也活不长久，于是暗下决心要离开这里。

在进入救济院的第5年，社会热心人士偶然来这里检查。14岁的安妮抓住机会，急切地向他们诉说自己有多么渴望去学校学习。安妮的话打动了好心人。就这样，安妮离开救济院，进入了珀金斯盲人学校。

珀金斯盲人学校是富人家孩子上学的地方，好心人替安妮支付了她负担不起的昂贵学费。但以前从未接触过学校教学的安妮，刚入学时别说是读书，连自己的名字都无法拼写出来。虽然她奇迹般地逃离了救济院，但突然闯入一个身边都是富家子弟的全新环境，种种不适应顿时让她显得不太合群。再加上安妮十分固执，有时并不理会他人的想法，执拗地坚持己见。也许正是这种固执让她在救济院中生存了下来，但这样的性格在人际交往中经常惹同学和老师生气。

安妮在学校中交到的第一位好友正是劳拉·布里奇曼，也就是狄更斯提到的视力和听力有障碍却可以使用手指语与人交流的人。劳拉这时候已经50多岁了，住在珀金斯盲人学校的宿舍里。安妮在与劳拉交流的过程中将手指语运用得灵活自如。上学期间，安妮接受了几次眼科手术，视力差不多已经恢复正常。在救济院中就抱有求学之心的安妮，在有了学习条件后更对学习充满热情。学习知识让她感到喜悦，她学得比谁都认真。她也勇于表达己见，同老师争论，有着一股不服输的精神。1886年，在安妮20岁时，她作为优秀毕业生代表在毕业典礼上发言。终于，她以最优秀的成绩从珀金斯盲人学校毕业了。

阿纳格诺斯认为，要教育一个盲聋小女孩，只有学校中最优秀的安妮·沙利文是最佳人选。但安妮迄今的拼命学习并不是为了去给人当老师，更别说是去给一个眼睛看不见、耳朵听不到、连话都说不了的小孩子当老师。安妮有种强烈预感，即便自己使出浑身解数、劳心费力地去教导海伦，也无法保证能将她教好。但安妮年幼时的眼盲经历，还有她与劳拉之间的友情，终于让犹豫不决的她下定了决心。在与劳拉的交往中，安妮了解到，不论一个人的视觉、听觉是否有障碍，都可以使用手指语交流，学习知识以丰富自身。在与劳拉的相处中，安妮认识到，人类总是渴望交流、学习和成长的，而不论其是否身有缺陷。安妮找来许多关于儿童教育的书籍，又找来以前豪医生记录劳拉教育情况的档案反复钻研。直到她确定自己可以教导海伦了，才正式接受了这份家庭教师的工作。

如小兽一般的海伦

1887年3月3日，带着盲人写字板和写字笔，提着装有珀金斯盲人学校的学生们用自己的零花钱给海伦买的布娃娃的手提箱，穿着劳拉为她缝制的崭新洋装，安妮抵达了亚拉巴马州塔斯坎比亚镇的车站。安妮才在凯勒家的门前与阿瑟互相打过招呼，海伦就整个人朝她撞了过来；要不是阿瑟及时扶了一把，安妮一定就摔倒在地了。没等安妮缓过神来，海伦就从她手中抢走了手提箱，坐在地上开始乱翻。凯特不好意思地将手提箱从海伦手中夺过来还给安妮。但箱子刚离手,海伦就立刻生气地又哭又闹。安妮在一旁怔怔地看着她们,不知该做何反应。在安妮心中,她一直想象着海伦会是个安静纤细、弱不禁风的病弱少女,但眼前这个用力大喊大叫、身体强壮、面色红润、如小兽一般的大力少女,看起来是健康得不能再健康了。

第二天,安妮开始了她的教学。教导海伦远比安妮想象的更困难。安妮先试着在海伦手中比画手指语,然后再取来所拼写的单词所代表的东西或者让她感受相应的动作,来解释这个单词的意思。比如说,拼出"D-O-L-L"(布娃娃)这个单词,再让海伦抱着珀金斯盲人学校的学生为她买的布娃娃,表示这个词就是布娃娃的意思。豪医生以前就是这样教授劳拉的。海伦起先觉得有趣,就学着安妮的样子在她手中不断比画手指,但她只是在玩耍而已,并不明白为什么要这样比画手指。其实处在海伦这个年龄阶段，她根本不明白每样东西都有属于它自己的名字。因此，海伦很快厌倦了这个比画手指的"游戏"。没过多久，她就躲开安妮的手，摇摇晃晃地朝外面走去。安妮打算将她抱回来，她就用力甩开安妮的手；安妮想让她坐在椅子上，她就会暴躁地挥舞着手脚。当事情不能按照海伦的想法进行时，她就一定会乱发脾气，或大喊大叫或低声呜咽，或手脚乱挥或打人咬人……在这个家中，海伦的任性是被默许的。安妮感到十分头疼，这样下去她根本无法教育海伦，她没有办法去教育一个不懂得尊重师长的人。于是她明白了，自己首先要教给海伦的是顺从和耐性。

一天，海伦像往常一样将手伸进安妮的盘子里抓食物，却没想到被安妮打开了手。海伦起初并不在意，又一次把手伸向安妮的盘子，却再一次被安妮打开。海伦明白过来后立刻开始大声哭叫,往地上一坐,抓起手边的东西就乱扔。"就让她吃她想吃的东西吧,这样哭闹下去太可怜了。"父亲阿瑟默许了海伦的行为,这样说道。但安妮摇了摇头说:"不行,纵容她对她没有好处,这样下去根本教育不了她。"在两人这番对话期间,海伦生气的哭喊声也没有间断过。父亲阿瑟和母亲凯特不忍看下去,便带着其他孩子离开了餐厅。

等到大家离开后,安妮起身走到门边,反锁了餐厅门,再回到自己的座位上,开始静静地吃着自己的早餐。海伦抓着椅子腿想要把安妮晃下来,但安妮用脚稳稳地撑住了地面。海伦在餐厅走了一圈,却发现餐厅里只剩下自己和安妮,于是愕然止住动作,慢慢摸回自己的座位上,打算继续用手抓早餐吃。这时安妮往她手里塞了一只勺子,海伦反应过来后生气地将勺子丢到地上。安妮也不生气,只是要求海伦站起来去捡回勺子,随后又让她坐在椅子上握住勺子,可海伦再次将勺子丢到地上,安妮也再一次要求她捡回来……来来回回几次之后,海伦终于按照安妮的要求吃了早餐。

事情并没有这样结束。海伦吃完早餐后,把餐巾随手往地上一扔就跑向门口。当她发现门被人锁上时,开始用力踢打门板,用全身的力量表达着"快把门打开"。安妮走过去抓住海伦的手臂,将她拉回到座位。海伦还没坐好就甩开安妮的手,抬起脚踢了安妮一下,然后迅速跑了,于是安妮追着海伦四处跑……等海伦将餐巾叠好,已经是一个多小时之后了。

我能够教给她的原则性东西只有两样,那就是顺从和爱。直到她学会的那一天,我与这位小小女士之间可能会不断上演像今天这样的事情。但请放心，我一定会尽我最大的努力来教育她。剩下的，就交给那能为人所不能为之事的神奇力量吧。（安妮·沙利文，《我是怎样教育海伦·凯勒的》，明治图书）

在寄出这封写给朋友的信的一周后，安妮被愤怒中的海伦打掉了两颗门牙。

打开崭新的人生之门

安妮的教育计划当然进行得不如想象中顺利。她打算从用餐习惯开始，慢慢改变海伦。但以前别说是管教，就连任何行动都没有被限制过的海伦，根本无法忍受安妮的管教。因此，凯勒家中开始整日回荡着尖叫声、哭泣声、东西碰撞声和破坏声。对安妮来说，比起海伦的激烈反抗，更该被摆在第一位的是海伦家人的态度，他们一直任由海伦任性胡闹。因此，要是家人不先改变对海伦的纵容态度，一切将是徒劳的。对海伦来说，安妮与自己家人恰恰相反——安妮是这个家里唯一会管教自己的人。

但另一方面，海伦的家人开始动摇了。本来以为雇安妮来教育海伦是桩好事，但海伦过于激烈的反抗，沉重打击了他们对于教育海伦的期待。"对海伦这样看不见、听不着的孩子又能要求些什么呢？这样做是不是太勉强了？一定是安妮的教导方式不对，海伦会有这样的反应都是安妮的错，希望她能适可而止。"当初迎接安妮时的满心希望迅速变成了失望，家人们开始漠然地对待安妮。

向来心疼海伦的父亲阿瑟，更是首先对安妮表现出反感。安妮的言行举止都让他看不顺眼。安妮完全没有那种南方女性的谨慎、纤细的性格，她说话语速快，性格也十分直率。在北方的盲人学校上学时，她就因为直率的言行举止常常与人发生冲突。这样的安妮当然不合阿瑟这位南方绅士的心意。

然而，在家人的庇护下，海伦不可能向安妮敞开心扉。于是安妮向海伦的家人表明决心："我要带着海伦从主屋搬出去住，让她在没有家人的环境里住上一阵子。得不到许可的话，我宁愿就此放弃这份工作。"曾经反感安妮的家人们终于明白了，海伦确实需要教育，而能够教育她的只有安妮。

就这样，海伦和安妮离开主屋，搬到了凯勒家农场旁的一间小屋里。至此，阿瑟才终于将海伦全权交付给了安妮。海伦在这个撒娇任性都不管用的环境中也不得不有所改变，因为即便她怎样哭喊吵闹、乱踢东西，安妮根本不予理会。而当海伦安静地拿起勺子吃饭时，安妮便会温柔地握住她的手；当海伦乖乖叠好餐巾时，安妮便会张开双手轻轻抱住海伦。就这样，海伦与安妮慢慢拉近着距离。讨厌洗澡、洗头的海伦，以前会直接粗暴地拒绝，而现在在安妮的照料下，她会任由安妮解开她的头发，帮她梳理清洗。不久后，海伦那一头毛糙的头发在安妮的照料下慢慢恢复了原本的光泽。

在接下来的日子里，安妮渐渐发现海伦其实是一个十分聪明且好奇心旺盛的孩子。安妮教她怎么用钩针编织花样，海伦兴致满满地拿着钩针，一个人静静地坐着编织。然后安妮像之前那样在海伦的手中比画手指语，教她"钩针"是什么，而海伦也同样在安妮的手中舞动手指。但此时的海伦仍然不明白，在她手中舞动的手指代表着什么。

1887年4月5日，这一天终于到来了。这天清晨,海伦和安妮之间的气氛有点一触即发。眼看着海伦就要发脾气了,安妮马上邀请海伦出去散步转换心情。就这样,她们来到了小屋的水泵旁边。那时发生的事情,海伦后来在书中这样写道:

> 有人正在汲水,我的老师便把我的手放到水泵下面。随着清凉的水流流过我的一只手,她在另一只手中拼出"W-A-T-E-R"(水)一词,一开始慢慢地,然后快速地。我站立不动,全部注意力都集中在她手指的运动上。突然之间,我感到了一种对于某种遗忘已久的东西的隐约意识——一种再次相逢的兴奋感,语言的奥秘向我揭示出来了。然后我明白了,"water"意指正在流过我的手的凉凉的某种东西。那个鲜活的字词唤醒了我的心灵,给它带来

了光明、希望和喜悦，让它得到了解放！

（《海伦·凯勒自传》，葡萄社）

将手放到水流中，海伦终于明白水叫作"water"。她一岁时听过"water"一词发音的记忆好像被唤醒了。在安妮来到凯勒家的第33天，海伦终于明白世界上的所有东西都有属于它自己的名称。她领会到了语言的存在。海伦后来在书中这样写道："我的内心为此欢欣歌唱。"也许有人曾在《奇迹创造者》的舞台剧或电影中看过这令人感动的一幕。这部《奇迹创造者》以海伦的自传《我的生活》为蓝本，1959年在美国被搬上舞台，3年后又由同样的演员阵容（安妮·班克罗夫特、帕蒂·杜克）被搬上银幕，后来又被改编为电视剧。《奇迹创造者》的舞台剧和电影总是以这段场景结尾，但事实上，海伦自己的人生从这里才算真正开启。

学会使用语言

从领会到每样东西都有它自己名称的那天起,海伦变得不同了。她一刻不停地向安妮询问身边所有能触碰到的东西的名字。每当记住一个名称,她都觉得自己的世界变得更加五彩斑斓。学会新单词的海伦是那样欢喜,每学会一个单词,她就会怀着无法抑制的喜悦之情在安妮的脸庞上亲吻一下表示感谢。

椅子、桌子、门、墙壁、地板、刀、叉……小草、小花、大树、长凳……母亲、父亲、安妮……随着学习,海伦不再使用以前的比画和手势。海伦脸上露出的表情也日渐丰富起来。随着不断地学习,3个月后,她已经学会了300多个单词,可以使用像"打开""关上""给""走""来"之类的动词,还可以在安妮手中拼出一些简单的句子。因此,有时候整整一天，安妮都不曾放下握着海伦的手。

19世纪末的教育观认为，"孩子如同动物一样不明白事理，教育就是强硬地向他灌输知识"，孩子学不会的时候，就算用鞭子打也要让他学进去。安妮并不赞同这样的教育方法，她希望教学顺其自然，就像婴儿在观察和模仿中自然学会说话一样。健全的孩子在婴儿时期，就算还不能说话，也能明白别人表达的意思。他们在妈妈的怀抱里，听着母亲说话时的声音，看着母亲的样子。通过听人怎么对话、看人怎么交流，婴儿就会开始渐渐"模仿"，自然而然地记住语言并学会说话。安妮认为，人生下来就有潜在的学习能力，而这种能力在适当的刺激下能够被激发出来。安妮认为，这种能力就表现在那些关注自己喜欢的活动和游戏的孩子身上。当安妮在海伦手中拼写时，如同在与婴儿对话交谈，她是在用心与海伦交流。

当海伦表示自己想要牛奶时，安妮就在她手中拼出"牛奶"；当安妮在海伦手中拼出"把牛奶递给我"时，海伦便会拿起牛奶递给安妮。孩子即便不会说话，也能够从不断重复的对话行为中慢慢明白对方表达的意思……就这样，海伦在不断重复的体验中渐渐能够拼出连贯的句子了。

两人每天都外出散步，去感受现实世界。海伦在触摸花瓣和树皮后再学习手中安妮拼出的单词。不久后，海伦就能够分辨各种各样的花和树木了。在森林中发现死去的松鼠时，安妮会允许海伦去触摸它，她想让海伦明白松鼠是怎样的一种生物，死亡又是怎么一回事。有一次，安妮拿来快要孵化的鸡蛋，让海伦用双手捧着。蛋里的小鸡一下一下地啄破蛋壳的动静让海伦感到十分惊奇，这时安妮就向她解释鸡蛋是怎样孵化的。对海伦来说，这个世界到处充满着惊喜。

有一天,海伦兴冲冲地跑进安妮的房间,在安妮手中拼出"dog baby"(狗宝宝),又掰着手指数到5。安妮才知道原来是凯勒家的母狗生下了5只小狗。安妮把海伦带到小狗面前,在她手中拼出"puppy"(小狗),又教给她"five"(5)这个单词,以纠正海伦之前的错误用法。海伦用手摸到5只小狗中有一只非常瘦弱,她就拼出"small"(小),安妮则在她手中拼出"very small"(非常小),以此纠正她的用语。海伦就这样不断学习着新的词语。

安妮写信告诉珀金斯盲人学校校长阿纳格诺斯,向他讲述海伦令人欣喜的成长情况,校长非常开心地给海伦寄来了学习盲文的单词卡片。盲文是一种纸上的凸点文字,通过凸点的不同组合表示不同的字母和符号。

当海伦使用单词卡片学会英文的26个字母

时，安妮来到常青藤绿园已经3个月了。

语言拓宽世界

能够自己书写文字后，海伦学会了写信。6月17日，海伦将她有生以来的第一封信寄给了她的表妹安娜。随后，海伦也给母亲凯特、珀金斯盲人学校的学生及校长阿纳格诺斯写了信。

亲爱的阿纳格诺斯先生，我将给你写一封信。我和老师曾照相。老师将把它寄给你。摄影师照相。木工建新房子。园丁锄地，并种蔬菜。我的布娃娃南希正在睡觉。她生病了。米尔德丽德很好，而弗兰克叔叔已经出门去猎鹿。当他回来时，我们将有鹿肉当早餐。我曾坐独轮车，而老师曾推它。辛普森曾给我爆米花和核桃。罗莎表姐已经去见她的妈妈。人们周日去教堂。我曾在我的书中读到窟和狐。窟能藏狐。我喜欢读书。你爱我。我爱你。再见,海伦·凯勒。(《海伦·凯勒自传》,葡萄社)

看到海伦在自己的指导下飞速成长,安妮也感到十分惊讶。

随着交流能力的增强,海伦对新鲜事物的好奇心也变得更加旺盛。10月,海伦第一次和小伙伴们去了马戏团,她与同伴们一同享受着马戏团的欢乐。她又给大象喂东西,又抚摸小狮子,还与大熊握了手。当猴子要从海伦的帽子上摘花时,大家都开心地笑了。

今年的圣诞节变得不同以往。去年的圣诞节对海伦来说,还只是不具有任何意义的一天。但今年,海伦与家人一起进行祈祷、庆祝,沉浸在浓浓的节日氛围里。她非常期待收到圣诞老人的礼物,生怕圣诞老人把她忘记,她还特地挂了两只袜子。一想到圣诞礼物,海伦就兴奋得睡不着觉。安妮在海伦的手中拼出"等你睡着了,圣诞老人就来啦",海伦明白后立马合上眼睛,并回复道,"这样圣诞老人就以为我睡着啦"。

第二天清晨,海伦第一个起床,冲向挂着袜子的壁炉。她的两只袜子里塞满了礼物,海伦开心地抱着袜子到处跑。海伦收到的圣诞礼物是一些盲文用纸和一块盲文板。

第二章

身有残疾仍不断挑战

与贝尔博士和阿纳格诺斯校长再会

安妮来到凯勒家一年后,海伦7岁了,写信和记日记已经得心应手。现在的她不仅能理解用手触摸到的东西是什么,还能理解像"天空""大山"这种要靠想象力描绘的字词,甚至可以理解"思考""感受"这样抽象的词汇。

1888年5月,阿纳格诺斯校长邀请海伦和安妮去珀金斯盲人学校做客,两人便跟随母亲凯特登上了前往波士顿的列车。其实两年前,海伦也曾为寻求治疗眼睛去过巴尔的摩,为与贝尔博士见面去过华盛顿。但这次旅行与之前的大不一样。以前海伦根本不明白自己为什么踏上旅途,目的地又是哪儿。因此,一路上都需要有人安抚容易激动和烦躁的海伦。但现在，海伦明白自己正坐在列车上移动着。波士顿大概在哪个方位？它离家乡塔斯坎比亚又有多远？自己现在要去见谁？目的地又是怎样一个地方？海伦不停地向安妮问着这样那样的问题，安妮也用手指语不停地回答着她。

从车窗眺望出去，可以看见美丽的田纳西河，阳光懒懒地照耀着大片的棉花田和绵延的山丘和树林；车站中拥挤的人群向着远去的列车挥手，车上的乘客吃着美味的糖果和爆米花……通过安妮手指语的描述，海伦在脑海中想象着这些光景，脸上不由得露出了微笑。

海伦一行首先去华盛顿拜访了贝尔博士。大约一年未见，博士看到海伦使用手指语与安妮流畅交流的样子，感到十分惊喜。"在聋哑人士的教育方面，她取得的成绩无人能比。"贝尔博士的赞美之词被刊登在新闻上，顿时在世间引起很大反响。很快海伦和安妮成了名人，美国总统克利夫兰知道后，还邀请她们去参观白宫。开朗、知性、活泼、对事物表现出强烈好奇心的海伦让人们着迷，她不管去到哪里都很受欢迎。

到了珀金斯盲人学校，学生们热情迎接海伦一行。海伦与她们做游戏，互相用手指语交流对话。这让海伦感到十分快乐和享受。海伦后来这样写道："在那之前，我一直像是一个通过翻译交流的外国人。但在劳拉·布里奇曼曾经就读的学校，我是在自己的祖国。"

学校拥有全美最大的盲文图书馆，海伦开心地用手指触摸着，阅读了一本又一本书。海伦也第一次遇见了58岁的劳拉·布里奇曼。校长觉得海伦惊人的成长令人非常激动，并把安妮比作在半个世纪前教育劳拉、让珀金斯盲人学校闻名于世的豪医生。随后，他向波士顿的名人们引荐海伦，并告诉海伦可以随时来盲人学校学习。他在校刊上将教育海伦的安妮比作圣人。其实,"奇迹创造者"这个说法最初是阿纳格诺斯对安妮·沙利文的赞美。波士顿的报纸杂志纷纷引用这个说法并大肆报道,一时间让海伦的名声传遍了美国。

安妮对此却十分冷静。她在给友人的信件中表示,将海伦吹捧成天才或神童对海伦毫无益处,她只希望海伦能够享受普通的童年时光。海伦喜欢与同伴开玩笑,遇到婴儿更是会忍不住去逗弄。她喜欢狗、马和一切动物,是一个充满爱心、细心谨慎的孩子。安妮想要保护海伦这份活泼开朗、感情丰富的天性。

夏天到了,海伦一行去拜访安妮的朋友索菲娅·霍普金斯,她住在与波士顿有点距离的地方。两人一起来到科德角游玩,这是海伦第一次在海边玩耍。自从在书上读到关于大海的描写,海伦一直想要亲身体验一回。刚换好泳衣,海伦就迫不及待地跑向海滩,进入大海。尝到海水的味道时,海伦问安妮:"是谁往水里撒盐了吗?"安妮哭笑不得。海伦不仅在海边捡到了贝壳和小石子,还抓到了大大的马蹄蟹。等到海伦和安妮回到塔斯坎比亚时已经是秋天了。见识了广阔世界的海伦,求知欲更是高涨。

> 一个美丽新世界的种种宝藏摆放在我脚下,每走一步,我都汲取着喜悦和信息。我让自己投身于各种事物,我从来不曾停息片刻,我的生活就像朝生暮死的蜉蝣那样停不下来。(《海伦·凯勒自传》,葡萄社)

接受说话训练

安妮原本就很脆弱的眼睛突然病情恶化。

塔斯坎比亚的医生们无法治疗，安妮需要前往波士顿接受手术，于是她带着海伦一起去往波士顿。在波士顿的这个冬天，海伦一直待在珀金斯盲人学校学习。海伦没有作为正式学生注册，但从1888—1889年的冬天开始，她在该校度过了4个冬天。在波士顿与塔斯坎比亚的不断往返中，海伦不断地学习成长着。她学习了法语和拉丁语，也把小说、戏剧、诗歌的盲文书籍读了个遍。

1890年，曾经教导过劳拉的拉姆塞夫人从欧洲回到美国。拉姆塞夫人向海伦讲述了一个幼年因病变盲聋的挪威孩子经过训练指导后能够说话的故事。海伦心里一直有着重新说话的愿望。她虽然听不见声音，但能感受到人说话时喉咙的震动以及按下琴键时钢琴的振动。海伦记得幼时自己曾将"water"读成"wawa"，自从能够使用手指语交流后，她连仅剩的这个单词也没有说过了,而即便她说出口,别人也根本听不清。想到自己或许能开口说话,海伦便下定决心要接受说话训练。她马上前往波士顿的霍勒斯·曼聋人学校,接受校长萨拉·富勒的亲自指导。就这样,海伦开始了为期2个月的11次课程。

M、P、A、S、T、I……海伦感受富勒校长发出这些字母时的舌头和嘴唇动作,再用手触摸着自己的舌唇进行训练。发出辅音和掌握音调都十分困难。海伦学说的第一句话"今天很暖和",尽管发音十分模糊不清,但也总算是出声说话了。海伦为此感到非常欣喜。虽然通过训练多少能说些话,但能够听明白海伦在说什么的只有富勒校长和安妮,别人完全不能理解海伦所说的话。

现代的康复训练会有语音学专家帮助调整发声状态,先使发声器官得到强化后再练习说话。虽然海伦幼年时学过一些只言片语,但自从失去听力,她除了呜咽和哭泣外,再也没有有意识地使用过声带。声带其实也是肌肉,长期不使用就会发生功能衰退。为了能够正常说话,首先需要锻炼这两片肌肉。然而在当时,很少有人知道声带需要锻炼。这次说话训练的结果不太乐观,但海伦没有放弃,此后也不断学习发声法,最终做到能够说出表达她大概意思的话了。

成为世界名人

只要海伦前往波士顿,阿纳格诺斯就会把海伦介绍给各种各样的名人。每当这时,他就一定会使用"世上的奇迹""天才""令人惊叹"之类的词语对海伦夸赞一番。从珀金斯盲人学校毕业的安妮能够把海伦的潜力发挥到如此地步，阿纳格诺斯感到十分骄傲。他想要通过抬高安妮和海伦的地位，使珀金斯盲人学校再次受到关注。再者，19世纪末，思考孩童本性是善是恶的学者少之又少，阿纳格诺斯更是将海伦比作善中之善。

但安妮认为，不应该给海伦差别待遇，应该让她像普通孩子一样平稳地生活。因此，安妮与阿纳格诺斯之间产生了不少冲突。然而，阿纳格诺斯终究社会地位更高、更具信服力，他对海伦的赞美被媒体大肆宣传，海伦的名字也就更广为人知了。不仅在美国，阿纳格诺斯和贝尔博士还分别回到自己的祖国，向希腊奥尔嘉王后和英国维多利亚女王介绍了海伦。就这样，海伦成了世界名人。

这时候，安妮收到来自匹兹堡的一位神父的信件，其中讲述了汤米·斯特林格的经历。汤米是一位5岁的盲聋小男孩，无依无靠，即将被送进救济院。神父听说状况相同的海伦能够克服障碍顺利生活的故事后，立刻联系安妮，想让汤米也接受教育。海伦从安妮那里得知汤米的事情后，对他的经历深表同情。她们立刻联系阿纳格诺斯校长，想让汤米到珀金斯盲人学校就读，但学费成为一个大问题。珀金斯盲人学校到底是为上流社会服务的地方。

不久后，海伦在与爱犬散步时没拉紧绳子，一下子冲出去的狗被路边的警官射杀了。加拿大和英国的多位慈善家听说此事后，纷纷来信表示要向海伦赠送新的宠物。海伦摸着这些信，突然想到为何不让这些慈善家来帮助汤米呢？于是海伦向各位慈善家回信，希望他们能向汤米资助学费。海伦还给许多友人和波士顿的报社寄信，表示希望他们能出钱资助汤米。她的努力使汤米收到了1600美金的善款，得以顺利入学就读。她一生尽心尽力地参与了许多募款活动,而她11岁时的这次义举正是最初的契机。

6月,海伦参加了珀金斯盲人学校的毕业典礼并现场演奏了钢琴。许多与海伦亲近的波士顿友人同样出席了典礼。由于海伦在学校里是万众瞩目的存在,所以阿纳格诺斯提出希望海伦为大家演奏钢琴。

然而,后来海伦送给阿纳格诺斯的童话故事《霜之王》,让她与阿纳格诺斯之间的友好关系彻底破裂了。

《霜之王》事件

海伦这时候正尝试自己进行创作。采用诗歌的表现手法、讲述秋天为枫树染上颜色的《霜之王》,就是她写出的故事之一。海伦对故事十分满意,在塔斯坎比亚的家中完成写作后,就自己前往邮局,将《霜之王》寄给了阿纳格诺斯。阿纳格诺斯对此赞不绝口,并将故事刊登在珀金斯盲人学校的校刊上对外宣传。

但海伦的《霜之王》与作家玛格丽特·坎比所写的《霜之妖精》十分相似。尽管海伦说自己没有看过《霜之妖精》,安妮也查看了珀金斯盲人学校的图书馆以及海伦手头上所有的盲文书籍,都没有找到类似的书。一直不遗余力吹捧海伦和安妮的阿纳格诺斯觉得颜面尽失,自己在学校的信誉,甚至校长的职位都可能因此丧失。他询问了几位亲近海伦的老师,还组织了由几位学校教员组成的调查委员会去查明事情真相。以往那个对海伦轻声细语的阿纳格诺斯怀疑海伦为了求取名声,与安妮合谋抄袭他人作品。

调查委员会询问了海伦,在不允许安妮陪同的情况下,审讯犯人一般接二连三地提出质问。询问结束那天,海伦躲在被子里偷偷哭了一个晚上。后来人们从曾照料过海伦的霍普金斯夫人家里发现了那本书。霍普金斯夫人在安妮休假的时候,给海伦看过各种各样的书。至于海伦到底有没有读过《霜之妖精》,霍普金斯夫人也记不清了。大多数人认为海伦在霍普金斯夫人那里看过那本书。

《霜之妖精》的作者坎比认为,海伦能记住原作内容,回家后再加以改编是一件令人惊叹的事情。坎比告诉阿纳格诺斯,没必要说海伦的故事是抄袭的,甚至还送给海伦一首赞美她的诗。贝尔博士将坎比和海伦的作品、安妮所写的相关信件以及坎比赞美海伦的诗一同发表出来,为海伦申诉。作家马克·吐温也为海伦发出声援,批判阿纳格诺斯和调查委员会对海伦的质询行为。阿纳格诺斯的怒火并没有消散,他始终认为安妮为了邀名策划了这次事件,这对一直以来尽力帮助两人的自己来说是一种背叛。阿纳格诺斯觉得，不论是与人交流，还是读写书籍，海伦都离不开安妮的帮助。海伦能力到底如何只有安妮知道。海伦不过是安妮的提线木偶，一切是安妮为了追名逐利的作秀。

由于这次事件，阿纳格诺斯与两人断绝了来往。对于之前如此维护两人的同伴的离去，安妮和海伦感到十分难过。

尼亚加拉瀑布与芝加哥世博会

海伦和安妮回到了塔斯坎比亚。本想回家与父母一起安心生活，治愈因《霜之王》事件受伤的心，但海伦的母亲凯特因为自己的弟弟和同母异父的兄弟病重抽不开身。父亲阿瑟在结束报社的经营后成为一名法警，受格罗弗·克利夫兰总统竞选连任失败影响，他在3年前就失业了。现在克利夫兰第3次参选总统，阿瑟十分希望复职，但他未能再次当上法警。阿瑟失去经济来源后负债增加，将全部家产进行抵押，与凯特的关系也十分紧张。但即便如此，与家人在一起的时间也令海伦感到舒心。回到塔斯坎比亚不到一年，海伦就收到了《青年之友》杂志社的约稿邀请。

由于有《霜之王》的前车之鉴，海伦很犹豫要不要接受邀约。安妮希望海伦能找回自信，便强烈建议海伦接受这份工作。海伦拿着笔，心里却想着："我写下的文章真的是我自己思考的产物吗？会不会又是不知何时记住了他人的作品，然后再写出来呢？如果文章拿出去给别人看，到时又会受到怎样的评判呢？"海伦心里十分不安。每当她有了写作的思路，她总会不安地告诉安妮，"我不知道这个故事是不是我自己想出来的"。但安妮认为，海伦需要用自己的想法来组织语言，而只有通过表达自己的思想，才能让精神有支点，才能让自己得到成长。在安妮的鼓舞下，海伦完成了根据她迄今为止的生活经历创作的《我的故事》，并将它寄给了杂志社。这回没有人再怀疑故事的原创性了。被故事感动的编辑破例给海伦寄去了100美金的支票。

1893年3月，在贝尔博士的提议下，海伦和安妮参观了尼亚加拉瀑布。夏天，她们跟着贝尔博士，参观了在芝加哥举办的世界博览会，并在芝加哥待了3周。主办方特别准许海伦用手触摸此次的所有展品。触摸对海伦来说十分特别，她能通过触摸对方的手或身体，或感受声音的气流或地板的震动来分辨出友人。

在这次世博会上，海伦认识了钻石之类的珍稀品以及各种最新技术。贝尔博士发明的电话机、听筒、留声机在电力馆展出，博士向海伦介绍了电话的构造。海伦在这次展览中唯一没有亲手触碰的就是埃及展出的木乃伊了。这次博览会是为了纪念哥伦布发现新大陆400周年而举办的，据说吸引了美国一半以上的人前来参观。在展览中，海伦不论走到哪里，都非常受欢迎。

在赖特-赫马森聋人学校再次学习说话

1894年夏，安妮和海伦一道出席了美国聋人说话教育促进会的会议。安妮在会上以"如何教导海伦·凯勒"为题发表演说，强调不论有怎样的障碍，学习都能令孩子感到喜悦。在会议上，海伦认识了约翰·赖特和托马斯·赫马森。两人在纽约开办了赖特-赫马森聋人学校，主要教授读唇术。

这年秋天，海伦到赖特-赫马森聋人学校就

读。虽然4年前在霍勒斯·曼聋人学校已经接受过校长萨拉·富勒的说话训练，但海伦决心一定要学会让旁人也能听明白的说话方法。而赖特-赫马森聋人学校的说话训练和读唇术训练是最为有效的。在学校就读的两年间，海伦学会了算术、地理、法语和拉丁语。在与他人一同学习的过程中，海伦发现自己不善于算术，却十分喜欢和擅长地理和语言。其间，她的德语有了很大进步。德语老师雷米小姐用手指语教授海伦德语，不到一年，海伦就可以阅读席勒的《威廉·退尔》了。海伦也像其他人一样，为了能够说话而拼命练习。

这两年间，海伦好好体会了一把当学生的感觉。每天，她与同学们一起在中央公园散步。在纽约期间，海伦还认识了许多名人。在学校举办的欢迎会上，海伦结识了洛克菲勒夫妇和诗人埃德蒙·克拉伦斯·斯特德曼。知名资本家和艺品收藏家劳伦斯·赫顿举办了一次午餐会,并邀请海伦和安妮前来。海伦还结识了美孚石油公司的企业家H.H.罗杰斯、诗人兼作家威廉·迪安·豪威尔斯……在《霜之王》事件时声援海伦的作家马克·吐温也与海伦更熟悉了。马克·吐温和贝尔博士一样成了海伦的支持者。

海伦和安妮在纽约的一切生活费和学费,都由波士顿的企业家约翰·P.斯波尔丁承担。当初在珀金斯盲人学校时,斯波尔丁结识了海伦并成为她的支持者之一。然而,1896年2月,在为期两年的学业结束、海伦即将离开纽约之时,传来了斯波尔丁去世的消息。虽然斯波尔丁生前承诺过身后也会继续在金钱上支持海伦,但这件事并没有写在他的遗嘱上,只能就此作罢。经济拮据的父亲阿瑟失去斯波尔丁的支持后,背负了极大的经济压力。阿瑟甚至提出想让海伦停止上学,作为艺人外出巡演赚钱。但这个想法遭到安妮和母亲凯特的强烈反对。海伦自己也想继续学业。思来想去，她将家里的情况告诉了贝尔博士和马克·吐温，并向他们求助。

也许是因为撑不过负债的重压，父亲阿瑟在1896年夏天突然过世。

前往剑桥女子学校

海伦16岁了。从赖特-赫马森聋人学校毕业后，她需要规划以后的人生方向。当时，美国社会普遍认为女性是受父亲及丈夫庇护的。男性作为家庭支柱在外工作，女性作为妻子或母亲守护家庭。但这时的美国已经有人开始主张女性也应该同样拥有参政权、财产权和接受高等教育等权利。有些大学除了招收男学生，也开始少量招收女学生。不过，女学生还不能享受与男学生相同的待遇，有些学科还不能被授予学位证书，有时甚至在升学考试时就被排除在外。就算能够接受高等教育，女性在社会活动中也并不受欢迎，能够让她们一展抱负的大概只有慈善活动了。

海伦毫不犹豫地选择了升学，而且她选择了面向普通学生招生的拉德克利夫学院。拉德克利夫学院是哈佛大学的女子学院，在美国是出了名的难考。想到许多身体健全的人也在与海伦一起竞争，很多人都反对海伦的决定。然而，海伦似乎是想证明，即便身为女性、身有残疾，自己也绝不比健全的女性或男性差。

为了备考拉德克利夫学院，海伦开始进入剑桥女子学校就读。贝尔博士和赫顿夫妇为海伦设立了教育基金。入学后第一年，海伦学习了历史、英语文学、德语、拉丁语和数学等科目。安妮和海伦一起住在学生宿舍，一起上课。上课时，安妮将课堂上老师讲授的内容一一拼写到海伦手中。碰到不明白的概念，安妮会先查明其意义，再拼写到海伦手中。安妮也会不厌其烦地为海伦"翻译"用普通文字书写的笔记和书籍。

这一年，海伦完成了数学课程，复习了拉丁语法并读了恺撒《高卢战记》的3章内容。在德语方面，她读了席勒的《大钟歌》和《潜水者》、海涅的《哈尔次山游记》、歌德的自传等。其中海伦最喜欢席勒的抒情诗、讲述腓特烈大帝丰功伟绩的历史以及歌德的自传。

努力学习的成果是，在来到剑桥女子学校的第一年，海伦通过了所有科目的期末考试。她的德语和英语更是取得了十分优异的成绩。生活方面，海伦也过得十分充实。在这里，她第一次与身体健全的女孩子成了朋友。她时不时与朋友出去散步、交流学习，还曾一起玩雪，几位女同学还学会了手指语。母亲凯特和妹妹米尔德丽德在假期来探望海伦。吉尔曼校长向凯特建议,妹妹米尔德丽德也可以来学校就读,于是妹妹也留在了剑桥女子学校。

安妮与剑桥女子学校校长对立

学习上顺风顺水,海伦每天都过得很充实。但在教育海伦的方法上,安妮与吉尔曼校长以及其他老师逐渐产生了分歧。没有安妮当媒介,老师们就无法与海伦交流,实在令人头疼,但说话过于直率的安妮又常常令老师们反感。一直以来,父亲阿瑟和阿纳格诺斯校长都曾因安妮直率的说话方式而感到不适。安妮总是喜欢毫不掩饰地表达自己的想法,这种率性总让她四处树敌。最终,双方在海伦就读时间的问题上起了正面冲突。安妮认为海伦3年就足以完成学业，吉尔曼校长却要求海伦就读5年。安妮是在询问了海伦的意见后才提出3年之期的，但校长对此不予理会，吉尔曼认为这是安妮不顾海伦想法的独断专行。毕竟海伦如果考上哈佛，作为其教育者，安妮就会更加出名。因此，校内都传言安妮在利用海伦。

海伦之所以定下3年之期，是因为她迫切地想与同年级同学一道考入大学。最后双方妥协，取了一个中间数——4年。然而，事情并没有就此结束。校方擅自减少了海伦的科目数量和上课时间，声称是为了给海伦减压。吉尔曼还几次向凯特写信，状告安妮逼迫海伦进行高强度学习，危及海伦的身心健康，因而绝对有必要将两人分开。凯特以为安妮竟把海伦逼到如此地步，感到十分痛心，便寄出同意将两人分开的信件。收到信后，吉尔曼立刻要求安妮搬出宿舍。安妮要求带上海伦和米尔德丽德一同离开，但被制止。最终安妮一个人离开宿舍，到一个朋友家中住了下来。当晚，海伦拒绝进食，哭了一整夜。

第二天，安妮再次来到宿舍，要求与海伦和米尔德丽德见面。吉尔曼起先拒绝了，但几小时后，他同意安妮与她们见面并同意三人搬出宿舍，去她们很早以前就认识的、住在伦瑟姆的钱伯林夫妇家中居住。几天后，凯特担心地从塔斯坎比亚赶来。在了解到安妮逼迫海伦学习、危及其健康是吉尔曼编造的谎言时，凯特十分懊悔自己曾给吉尔曼寄出同意信。

最后，海伦和米尔德丽德从剑桥女子学校退学，与安妮一同住在钱伯林夫妇家中，继续准备拉德克利夫学院的考试。这次事件让安妮和海伦之间的关系变得更加牢固。

从那时起，安妮就不再将海伦视作小孩子了。

第三章

享受大学生活，参与社会活动

进入拉德克利夫学院

拉德克利夫学院是由哈佛大学的老师们创立的一所女子学院。学院设有与哈佛大学相同的课程,从学院毕业的学生也被视为拥有与哈佛大学毕业生同等的地位。正因为是名牌学院,里面仍有十分保守的一面,入学的大多是上流社会出身的、心高气傲的大小姐。对于身有残疾的海伦,院方表现得不太友好。阿格尼丝·欧文院长就认为,"作为一个盲聋人,与其勉强进入这个没有辅助残疾人制度的学院来争取正规学位,还不如像过去那样在家自学更好"。学院里许多人也认同她的观点。

1899年6月，海伦迎来了拉德克利夫学院的最后一场入学考试。她在没有安妮陪同的情况下接受了考试，第一天考初级希腊语和高级拉丁语，第二天考几何、代数和高级希腊语。试卷由盲文写成，而当时美国有三个盲文系统，分别是英国布莱叶盲文发展来的英式、美式、纽约式。各科试卷是用美国盲文写成的，所幸海伦熟悉各式盲文，但对于几何和代数科目，海伦一直习惯使用英国盲文。海伦后来回忆说，当时自己读题变得十分困难。

在独自进行的考试中，海伦最终取得了优异的成绩。

7月，海伦收到了拉德克利夫学院的考试成绩单，成绩单上还特地标出海伦的高级拉丁语成绩优异。海伦通过了入学考试，但她决定还是最好在自己不擅长的几何和代数课程上再进修一年。

与此同时，她也向学院去信，说明自己的学习可能需要进行一定的特别安排，比如带着安妮上课、利用打字机回答课堂提问等。拉德克利夫学院迟迟没有回复，康奈尔大学、芝加哥大学则同意了她的条件，但她还是婉拒了。她在给友人的信中解释道："如果我去了别的大学，大家就会认为是因为我未能通过拉德克利夫学院的入学考试。"即便再怎么困难，进入这所全国最好的学校对海伦来说有着十分重要的意义。

1900年9月，海伦终于如愿以偿地与同届100名同学一起进入拉德克利夫学院。这一年她20岁。

我热切地开始了我的学习。我看到一个美丽光明的新世界在我面前开启，而我觉得自己有能力去认识所有这些东西。在思想的美妙世界中，我应该能像其他人一样自由。其中的人事、风景、习俗、喜乐、悲伤都应当是对于现实世界鲜活而实在的阐述。课堂里似乎充满了伟人和智者的灵魂，而我认为教授们就是智慧的化身。

（《海伦·凯勒自传》，葡萄社）

可以感受得到，海伦是抱着多大的希望在大学里学习。为了攻读文学学士学位，海伦选择了4年的文学课程，第一年学的是法语、德语、历史、英语作文和英语文学。拉德克利夫学院并没有为像海伦这样的残障者提供额外的特殊照顾，海伦和安妮借住在波士顿市内的房子里。海伦虽然学会了使用打字机，但在学习时仍像以往一样需要安妮的帮助。安妮和海伦一同上课，因为学校里基本没有用盲文写成的资料，需要安妮将书上的内容和教授讲课的内容全部"翻译"给海伦。但这终究不能完全准确地把教授的话传达给海伦,海伦课后的复习总是十分费力。

海伦有时也会因为学习时间漫长而感到烦躁,希望越大,她对大学中片刻不得闲的学习就越感失望,但海伦并没有因此对学习产生怠惰心理。第二年,海伦学习了英语写作、《圣经》文学阅读、贺拉斯的抒情诗以及古罗马喜剧;第三年,她学习了经济学、伊丽莎白时期的文学、莎士比亚文学以及哲学史。

与约翰·梅西相遇

《妇女家庭杂志》的编辑向海伦约稿,询问她愿不愿意写自传。原来,海伦的大学教授发现她的作文和文章逻辑性强、十分优秀,便向编辑推荐了海伦。编辑要求海伦将迄今为止的人生写下来,而且不需要从头开始写,只需把她作为功课交上去的、关于自己生活的文章整理一下,刊登在杂志上就可以了。杂志社给出了超过当时美国人均年收入的3000美金作为稿酬。

海伦开心地接受了。她觉得自己的文章能被人赏识很开心,丰厚的稿酬也十分吸引人。自己在拉德克利夫学院的生活费和学费都是靠友人资助的,自从父亲去世后,家里就再没有给海伦寄过生活费。友人的资助如果中断,海伦和安妮的生活会立刻陷入困境。再想到身有残疾的自己以后不知从事什么工作,这份摆在眼前的稿酬就显得非常诱人了。在安妮的鼓励下,海伦与杂志社签下合同,开始撰写《我的生活》。在这一过程中,经友人介绍,约翰·梅西开始担任海伦书稿的编辑工作。

约翰是一位身材高挑的优秀男性,拥有哈佛大学的英语和哲学学位,当时在哈佛大学担任讲师。约翰的出现拓宽了安妮和海伦的世界。她们与约翰的大学友人一同讨论和描绘理想中的社会。冬日的黄昏,大家一同围着篝火,喝着汽水,交流着社会、哲学、宗教、文学方面的话题,讨论着尼采、叔本华、马克思、伯格森、林肯、托尔斯泰及马克斯·施蒂纳的书籍。约翰的友人中也有能够使用手指语的人,他们之间的友情持续了很久。

出版《我的生活》

海伦的《我的生活》从1902年4月开始,分6期连载。随后约翰提议,将海伦的连载集结成书。虽然大学的学业逐渐加重,但考虑到这将成为以后写书工作的良好开端,海伦欣然接受了约翰的提议。终于,海伦的第一本书《我的生活》在1903年3月出版了。海伦和安妮举办了一个小型派对,感谢在出版期间帮助过她们的人们。

出生后19个月就丧失视力和听力,熬过了7年的孤独,与安妮相遇,重新发现语言,20岁考入著名的拉德克利夫学院……知性又充满好奇心的海伦将自己的前半生故事,用真实的笔触写出,引得世人交口称赞。书中不只有海伦自己的人生故事,还有海伦写的信件、安妮提供的关于海伦生活和教育的补充论述。

随着该书的出版,世人再次将目光投到海伦永不放弃的积极心态以及安妮的教育方法上。《旧金山纪事报》《文摘》《纽约客》《世纪》等知名报刊都对海伦的书好评如潮。马克·吐温也十分喜欢这本书,称赞"19世纪最有意思的两个人就是海伦·凯勒和拿破仑·波拿巴"。

这本书出版100多年后，在美国、日本等超过50个国家，《我的生活》作为一本优秀的自传仍然受到许多人的喜爱。

1904年夏，在安妮的帮助下，海伦终于以优异的成绩从大学毕业了。这一年，海伦24岁。随着《我的生活》的出版，安妮的身份也为大众所知，但学院并没有给出对安妮的恰当认可。海伦因为这件事对院方感到十分失望，她在毕业典礼上露个面就离开了。

大学毕业后就要面对属于自己的人生了。身为女性又身有残疾的自己该怎么办？自己能做些什么，又能靠什么生活呢？

思考再三，海伦决定将自己的一生奉献给因丧失视觉、听觉而饱受痛苦折磨的人们。她要捍卫残疾人的权利，将此作为自己的毕生事业，作为自己的生存目的。

安妮与约翰的婚姻

从拉德克利夫学院毕业之前,海伦用自己的一部分稿酬在波士顿附近的伦瑟姆买了一处古老的农庄。大学毕业后,海伦和安妮便住在这处老房子里,并在约翰的帮助下不断接受杂志社的约稿。

要如何避免失明?盲人该接受怎样的教育?眼睛看不见会导致怎样的问题?海伦先在打字机上打出原稿,安妮阅读一遍,然后用手指语在海伦手中写下意见,两人一起推敲。对此约翰作为编辑也会提出意见,再将文稿整理清楚。

安妮是海伦的眼睛,约翰则是一位友人、兄长、给予自己建议的人。

其间,安妮的眼睛再一次病情恶化了。她时不时要去接受手术,但总算勉强保住了视力。怕安妮太辛苦,海伦经常在学习时表示,"我已经明白了,不需要再写在我手上了"。但即便如此,安妮还是会坚持把资料都翻译成盲文,用手指语向海伦一一转述,帮海伦推敲她所写的报告和论文。需要安妮做的事情堆积如山,安妮的视力状况越发恶化。每当这个时候,约翰就会替安妮帮助海伦,并照顾一下安妮。就这样,两人之间渐渐擦出了爱情的火花。

约翰向安妮求婚了。尽管安妮也喜欢约翰,但她拒绝了他的求婚。安妮比约翰大 11 岁,结婚后要与海伦分开居住,而海伦的生活又离不开安妮。与海伦相遇以来,安妮一直将海伦摆在自己生活的首位。

但不管被安妮拒绝了多少次,约翰并没有退缩,还承诺即便结婚了,也绝不会破坏安妮与海伦之间的关系,大家像以往一样生活就好。约翰连安妮与海伦的关系也一同喜欢和接受。

1905年，安妮终于和约翰结婚了。在自家举办的宴会上，安妮穿着一身藏青色的婚纱，约翰穿着深灰色的礼服，海伦则穿着苔绿色的裙子站在安妮身旁。安妮自己做了婚礼蛋糕，装饰了许多鲜花，在客人们回家时还给他们送上康乃馨花束。海伦十分开心，仿佛自己是新娘一般。结束了短暂的新婚旅行后，安妮与约翰、海伦一同住在了伦瑟姆的家中。

　　海伦的书和文章为她带来了更大的声望，已然成为国民皆知的存在。然而，再怎么努力写作，生活还是需要接受着友人的资助。其实《我的生活》的版税很可观，只是海伦的大部分收入都被诱劝拿出来投资矿山，结果被骗，亏得连本金都不剩了。因此，对于海伦和安妮来说，要怎样赚钱维持生计仍然是首要问题。

盲聋问题与社会问题的紧密交织

1906年,新成立的马萨诸塞州盲人委员会邀请26岁的海伦担任委员,她接受了。海伦相信,只要给予盲聋人适当的教育,就一定能收到成果。她相信自己的亲身经验能够作为参考。

在这个时期,美国国内对待残疾人的态度发生了巨大转变:从单纯地向可怜的残疾人伸出同情之手,转为向他们提供自立自强所需的必要援助。海伦积极投身于改善盲人待遇的事业中,呼吁残疾人也应该得到工作机会。她还指出,美国五分之二的盲人都是因为母亲患有性病,婴儿在生产过程中感染病毒、眼睛发炎而致盲的。放任婴儿的眼疾不管就会导致失明,但如果及时救治,就能很快治愈。但母亲给孩子使用眼药水,就意味着承认自己是个患有性病、生活不检点的女性。迫于舆论,当时很少有母亲会这么做。

母亲为了保住自己的"颜面"而选择让孩子失明。对于这样的现实,海伦感到十分愤怒。海伦认为,预防新生儿眼疾,有必要向女性宣传健康知识。她在《妇女家庭杂志》上撰写了一系列文章,指出"年轻女性理所当然的无知才是问题所在",呼吁所有新生儿在出生后都要点眼药水,并要求联邦基金为此提供支持。终于,这个呼吁逐渐被认可,大量新生儿保住了视力。

1908年,海伦撰写了随笔集《我所生活的世界》,讲述她如何理解世界、怎样与人交流。海伦将这本书题献给长久以来支持自己的石油大亨——H.H. 罗杰斯。书评人给出了很高评价,将海伦称作天才。著名心理学家和哲学家威廉·詹姆士从心理学方面对此书也给出了极高评价。海伦感到,描写盲聋的生活已经遇到瓶颈。

1909年,海伦退出了马萨诸塞州盲人委员会。由于她只能通过手指语交流,现场讨论一多,翻译就会跟不上。但海伦想要为盲人服务的心越发强烈,进而升华到想要帮助社会底层的弱势群体。海伦在研究失明原因后发现,大多数的失明是出于营养不足、卫生条件差、贫困等经济方面的原因。由于无知,经常用不卫生的手或毛巾擦拭眼睛导致细菌感染;由于没有钱,得病了也不能去看医生,得不到适当的治疗,直到丧失视力;失明后,作为社会底层,他们也得不到帮助;即便失明后仍有学习的能力,他们也得不到教育的机会,无法自立,只能成为等人施舍的存在……盲聋问题终究与教育、阶级、人权等问题有着千丝万缕的联系。认识到这一点,海伦暗下决心,为了保障社会弱势群体的福利,自己也要有所改变。

海伦和约翰加入美国社会党

在海伦想要作出改变的时候,安妮的丈夫约翰加入了美国社会党。安妮拒绝加入,但想为贫困的社会底层群众奉献力量的海伦被约翰的社会主义思想吸引了。

1909年,海伦加入了美国社会党。安妮的政治立场虽然与海伦和约翰的不同,但三人仍然过着互相认同、相亲相爱的生活。海伦认为,要消除社会不平等和贫困就要让女性也有参政权。因此,她开始参加示威游行,参与民权运动和人权运动,反对雇用童工和死刑制度。海伦还订购了德国出版的盲文版社会主义刊物,并在自己的书房里挂上了一面大大的红旗。

许多人不理解并反对海伦的行为和言论。很多人自负美国是资本主义世界的根据地，将社会主义、共产主义视作敌对势力。许多人批判海伦这样的行为和思想是一种离经叛道，是误入歧途。慢慢地，海伦向杂志社寄去的稿件开始被懈怠对待。海伦收到的约稿也越来越少，家中的生活更困难了。海伦的友人见状，便请求慈善家安德鲁·卡耐基对海伦伸出援手。卡耐基承诺每年向海伦提供5000美金的资助，但海伦拒绝了。海伦认为，自己一边参加反对资本主义贫富差距的运动，一边却拿着富裕资本家给予的资助，在心理上无法接受。

1913年，海伦出版了一本反映社会问题的随笔集——《冲出黑暗》，但这本书在社会上的反响不如以往。书中的社会主义思想遭到了众人批判，也由于这本书的出版，海伦谈论政治、经济方面的稿件全部被拒绝刊登了。

即便如此,海伦也没有停止自己的活动。

海伦公开支持罢工和社会党候选人,参加社会主义同志的集会,并批判"否定劳动者人权的资本主义是从根本的恶、根本的不公正中产生的残酷产物"。

看着海伦被约翰影响,安妮经常与约翰产生激烈争执。终于,两人的婚姻面临搁浅,约翰也沾染了酗酒的恶习。

安妮与约翰婚姻破裂

海伦和安妮的财务状况越来越不乐观。一次,海伦在与安妮进行旅行演讲时不慎感染流感,在旅馆躺了大概一周。海伦一个人无法行动,这让她感到十分无力。虽然自己不接受资助,寻求经济独立,努力按照自己的想法进行社会活动,但海伦真切地感受到聋哑的自己离不开别人的帮助。

在这件事发生的一个星期后,海伦向卡耐基写了信,为自己之前拒绝他的好意而道歉,并希望能再次得到他的资助。很快,卡耐基给海伦寄来了信和支票。卡耐基的资助一直持续到海伦去世,但她从未在公开场合提过这件事。

1913年5月,约翰如同要逃离他破裂的婚姻一般,一个人前往意大利旅行。旅行费用全部由海伦和安妮承担。4个月后,约翰回到美国,但没有回到伦瑟姆的家中。约翰在波士顿租了一间公寓,并开始在《波士顿先驱报》工作。约翰和安妮在这段时间也有许多信件来往,但内容只有争论,对于两人的思想分歧,对于约翰的酗酒行为……两人之间已经产生太多分歧。海伦希望两人和好,曾写了许多信劝说约翰,也曾与安妮一起到波士顿看望约翰……

即便如此,安妮和约翰的对立仍在不断加深。最后,两人的婚姻走到了尽头。由于安妮始终不同意离婚,两人没有去办理正式的离婚手续。直到1932年约翰·梅西去世,三人之间都保持着友人关系。

海伦激进的活动遭到社会舆论反对

1914年,海伦和安妮雇用了刚从苏格兰来到美国的波莉·汤姆森为她们打理家务。在被雇用之前,波莉没有听说过海伦和安妮的名声,但后来,波莉也逐渐学会使用手指语,成了安妮和海伦的左膀右臂。同时,海伦还雇用了一位比她小7岁的年轻记者彼得·费根做她的秘书。

即便没有了约翰的陪伴,海伦仍然果敢地

进行社会活动。她支持山额夫人的节制生育运动，赞同山额夫人倡导的观点，即女性应该知道基本的性知识，应该节制生育，以减轻身处贫困还要生养多个子女的痛苦。但在当时，修养良好的淑女被认为不应该公开谈论诸如避孕之类与性爱有直接关系的话题，海伦因而受到许多美国国民的嫌恶。

海伦公开支持全国有色人种协进会（NAACP）并寄去100美金的支票。不因种族不同而被差别对待，这放在当今社会谁都不会提出异议。但在当时，尽管蓄奴制度已经被废除，但仍然有人在宣传白人更优越的说法。甚至到了20世纪60年代，种族隔离和歧视在南方仍然十分严重。巴士的乘车口和座位，被分成白人专用和有色人种专用。餐馆不允许有色人种进入，他们只能在店外或厨房用餐。1968年，民权运动领袖、浸信会牧师、非裔美国人马丁·路德·金遭人刺杀。

在此之前50年,种族歧视观念在南方更是根深蒂固。再加上海伦也出身南方,她的行为自然而然遭到了南方民众的挞伐。南方的新闻甚至写道:"海伦的行为只是在拿有色人种打趣,是她在北方受到的教育毒害了她的思想。"就连住在南方的海伦家人也对她的行为感到不满。

海伦站在人道主义立场,希望能够消除不平等,营造一个更为公平的社会。但她对待种族问题的态度,直接影响了她与家人和南方友人的关系。

第一次世界大战爆发,开始反战活动

1914年,第一次世界大战爆发。起初,美国虽然站在英、法一边,但仍然保持中立。但随着美国船只被德国潜水艇击沉,大量美国船员无辜丧生,国内舆论开始改变。最终在1917年,威尔逊总统宣布与德国断交,对德宣战。

海伦反对战争,是一个彻底的和平主义者。海伦与劳工组织一道呼吁通过罢工反战,"不要成为一支破坏大军里沉默的、顺从的奴隶,而要成为一支建设大军里的英雄"。海伦心向和平,憎恨贫穷,努力为贫困和弱势者谋求幸福,而她的宗教观也反映出这一点。

海伦信奉的宗教属于基督教的一种,最早由18世纪瑞典神学家埃马努埃尔·斯威登堡倡导。斯威登堡同时也是一位成就卓越的科学家。他主张,"要爱所有人,要把自己奉献给全人类"。就这样,斯威登堡神学为海伦的社会主义活动和反战言论提供了正当化理由。但海伦的反战言论越发受到美国民众的批评,尤其是那些亲身参与第一次世界大战的人。

人生中唯一一次恋爱

海伦之前一直认为,"与不能和人自由交流的自己谈恋爱,就像是跟一尊雕像谈恋爱",所以绝对不会有男性喜欢自己。向海伦求婚的是她的秘书彼得·费根。彼得是一个文雅、真诚、值得信赖的男性。与海伦相处后,他学会了使用手指语,能够直接与海伦交流。

这时海伦36岁,彼得29岁。心动的海伦对彼得点头说了"是",但她也已经预料到,自己的家人绝不会认同这场婚姻。理由有很多:自己比彼得大7岁,彼得也信奉社会主义,彼得还是自己的雇员,自己身有残疾……

实际上,当母亲凯特得知海伦要结婚时,

她表现出强烈的反对，还将海伦关在亚拉巴马州蒙哥马利市海伦妹妹米尔德丽德的家里，让她跟彼得不得见面。彼得曾几次前往拜访，被米尔德丽德的丈夫拿着枪赶走了。海伦也试过逃出去找彼得，不顾自己身体不便，抱着沉重的行李箱，站在门廊下等着彼得来接她。但两人不断被阻挠，最后也没能相会。

海伦家人反对这场婚姻的理由是：一个身体有障碍、生活离不开别人照顾的人，要与人结婚实在不可想象。在家人的激烈反对下，海伦的恋情结束了。海伦将这段不受祝福的感情当作自己的命运接受了。

1970年以后，主张"残疾人也应该像正常人一样享受生活"的"人道社会"思想才开始在世界上迅速传播。海伦被家人阻拦的婚姻并不是她的命运，而是当时的人们对于人与人之间的差异没有正确的认识。

尽管两人没有结婚，但海伦一生都不会忘记她与彼得之间的回忆。海伦后来将这段短暂的爱情形容为"黑暗水域中的一座快乐小岛"。

第四章

残疾人的希望之星

出演电影和表演歌舞杂耍

没有美国民众愿意去听海伦这个和平主义者的反战演讲,也没有媒体向公开发表反战言论的海伦约稿。陷入财务危机的海伦只好卖掉自己在伦瑟姆的大房子,搬到纽约长岛的一处小房子里居住。虽然没有改变自己的和平、反战信念,但海伦也因为这些经历而学会在公开场合谨言慎行了。

海伦暂时放下反对战争、呼吁和平、追求公义这样的社会话题,开始像以往一样,以自己如何克服身体障碍、安妮怎样教育自己为主要内容,与安妮一道在全国各地进行巡回演讲。这样的演讲内容吸引了大量的慈善家，海伦因此得到了许多昂贵谢礼和高额资助。然而，从一个城市到另一个城市的不断奔波，对海伦和身体状况本就不乐观的安妮来说，无疑十分疲惫。

还有其他工作机会吗？这时一个好机会出现在十分渴望赚钱的海伦面前。好莱坞邀请她出演根据自己故事改编的电影。海伦愉快地接受了。在为拍摄电影而待在好莱坞的期间，海伦结识了许多当时的著名演员，包括查理·卓别林、丽莲·吉许、道格拉斯·范朋克等。这部于1918年12月完成的电影《解救》票房却不理想，并没有为两人的生活状况带来起色。

两年后，两人接触到歌舞杂耍表演。这种娱乐方式融合歌舞、杂技、驯兽、魔术等形式，在当时大受欢迎。查理·卓别林和巴斯特·基顿等许多喜剧电影明星最初便是从歌舞杂耍表演崭露头角的。

在节目换场的间隙,海伦和安妮就登上舞台。在约 15 分钟的时间里,安妮讲述自己怎样教育海伦,海伦则负责回答一些听众提问。她们的表演大受欢迎,新闻也大肆报道了一番。在同一个地方停留 3 个星期,比不间断地旅行演讲要轻松得多,还能拿到丰厚的报酬。

当她们在洛杉矶演出时,海伦接到了母亲凯特去世的丧讯。就这样,海伦永远地告别了她最深爱的母亲。

成为美国盲人基金会的宣传大使

1921 年,美国盲人基金会(AFB)成立。次年,在首任会长 M.C. 米格尔的主持下,AFB 开始展开公众宣导、统一盲文、出版盲文书籍、募集资金等活动。米格尔看中海伦在歌舞杂耍表演中的高人气,以及她作为世界上最有名的女性视觉障碍者的知名度,邀请她担任AFB的宣传大使,组织AFB的宣传和募款活动。海伦辞去歌舞杂耍表演的工作,愉快地开始了在AFB的工作。

第一次募款会的宣传语是"为海伦·凯勒打开你的钱包吧"。海伦在各地进行演讲,向听众募款,并出席招待政商人士、社会名流、记者媒体的午餐会和晚餐会。听完海伦的演讲,美国汽车大王亨利·福特和石油大亨约翰·洛克菲勒大方地向AFB捐赠了大笔资金,海伦和安妮在好莱坞期间结识的明星也慷慨捐资;有送来10万美金支票的大人,也有打碎自己存钱罐捐出自己零花钱的小孩。到了1927年,海伦和安妮举办过250次以上的集会,听众达25万人以上。充满好奇心、阳光又活泼的海伦不论去哪里都大受欢迎,所以两人募集的资金达到百万美金以上。海伦也曾几次受邀去白宫演讲,与小罗斯福总统夫妇关系密切。

海伦不仅呼吁募捐,还大力宣传统一盲文的重要性。欧美地区,当时有5种不同的盲人文字同时被使用。这次盲文统一运动于1932年展开,最后定下来以英国布莱叶盲文为英语国家的标准盲文。

通过开展这样的活动,更多人认可了海伦的存在,海伦与艺术家的交流也逐渐增多。海伦特别偏爱雕塑。她会通过触摸雕塑的各个部位,在脑海中想象其整体样貌,品味雕塑之美。全身心去感受雕塑的海伦十分令人动容。海伦还能通过手指感受些许音乐之美。她将手放在演奏中的乐器、歌手的嘴唇或收音机的喇叭上,感受其律动和振动。当世界知名的男高音歌唱家恩里科·卡鲁索让海伦摸着自己的喉咙为她特别演唱时,海伦感动得泣不成声。对此,卡鲁索说道:"从你的手指,我能感受到你的灵魂。海伦·凯勒,我要为你歌唱我一生中最美妙的歌。"

就这样,通过在 AFB 的工作,海伦拿到了稳定的薪水,终于从金钱的困境中解脱出来,还建立了众多人脉。

呼吁人们成为失明者的骑士

1925 年 6 月 30 日,国际狮子会在美国俄亥俄州锡达波因特游乐园举办第 9 次年会,海伦在会上作了一场令人十分感动的演讲。

> 亲爱的狮子们和女士们,我想你们都听说过机会不会敲两次门的俗话。机会是一

个没有耐性的女子,每扇门只敲一次,如果不赶紧开门,她就会越门而过,永远不再回来。你必须走出去,抓住她们。

现在我就是你们的机会。我正在敲你们的门。我想被收留。俗话并没有说,当多个美丽的机会出现在同一扇门前时你应该怎样做。我猜你不得不选择那个你最爱的。我希望你会收留我。我是这里最年轻的,并且我所提供的是大量极好的服务的机会。

美国盲人基金会成立只有 4 年。它的创立既是为了满足盲人的迫切需要,也是源自失明者自身的不懈努力。它的视野和重要性既是全国性的,也是国际性的。它代表了对于我们这个群体,人们迄今为止所形成的最好、最开明的思想。它的目标是,通过增加其经济价值以及给予其参与正常活动、感受生活乐趣的机会,让每一个盲人的生活变得更有价值。

想象一下，要是你今天突然双目失明，你的感受如何。试想你在白天就不知所措，就像是在黑夜中摸索，而你的工作、你的独立性，都会失去！在那个黑暗的世界中，要是有一个朋友牵起你的手，并说"跟我来，我会教你如何去做你在明眼时曾做过的一些事情"，难道你不会感到高兴吗？美国盲人基金会正是试图成为这个国家所有盲人的朋友，只要明眼人愿意提供给它所需的支持。

你们也已经听说过，由另一个人的手指比画出的一个小小单词，从另一个人的心灵发出的一道光，如何照进我思想的黑暗当中，让我得以找到自我，找到世界，找到上帝。这都是因为我的老师理解了我，并打破了黑暗寂静的束缚，让我意识到我能够为自己甚至他人做更多事情。我们需要关心，甚于需要金钱。失去同情与关怀的帮助是空洞的。如果各位都能有所作为，我们就一定能够帮助盲人战胜黑暗，也能让这个国家成为一个关怀盲人的国度。

狮子们，我带给你们的机会就是：支持和资助美国盲人基金会的工作。难道你不愿意帮助我促成那一天尽早到来吗？——不再有本可预防的失明、不再有盲聋儿童得不到教育的情况、不再有盲人得不到辅助的情况。强壮、勇敢、善心的狮子们，难道你们不愿意挺身而出成为失明者的骑士，帮助他们面对这场对抗黑暗的战斗吗？谢谢。（国际狮子会网站）

学会以同理心关心他人是十分必要的。这样做不仅能帮助有障碍的人，也能让参与其中的人自身产生积极变化。即便是正常人，你也有可能在某天突然变成残疾人，而我们要做的，正是尽量消除这样的身份转换带来的困扰。这次演讲在世界范围内被广泛报道，成为一个宣传契机，海伦在其中传达的思想也由此成为辅助盲人运动、预防失明运动、国际狮子会公益服务活动的中心思想。

残疾人的希望之星

这时，安妮的视力进一步恶化了，她几乎看不见东西，身体状况也不理想，经常容易感到疲劳。为此，波莉立刻赶了过来，在海伦身边替她处理来信和来访者，整理文件资料，帮助她准备旅行演讲以及打理琐碎家务。一天24小时，波莉都在马不停蹄地忙碌着。

内拉·布拉迪·亨尼也来到海伦的家中。内拉是双日出版社的编辑，曾帮助海伦出版过图书《我的生活》。此时她被公司派过来协助海伦写作。内拉不仅帮助记录、调查和整理资料，翻译盲文，协助海伦写作，还帮助她处理对外交涉事务。

1928年，AFB利用海伦募集的资金成立了海伦·凯勒捐赠基金。借由这个捐赠基金，海伦作为基金会的代言人，得以有机会结识许多政治家、学者和企业家，并积极进行社会活动，不断努力为盲人改善环境、谋求福利。

1929年，在内拉的帮助下，海伦出版了第二本自传《中流：我的后半生》。次年4—6月，海伦、安妮和波莉一同去了苏格兰、英格兰和爱尔兰共和国，这是她们第一次到海外旅行。

1931年，在石油大亨洛克菲勒的襄助下，第一届盲人工作世界大会在纽约召开。来自32

个国家的150多位代表济济一堂。海伦作为这次大会的荣誉嘉宾受到大家的热烈欢迎,并在会上提议采用路易·布莱叶发明的盲文作为世界通用的盲文。在海伦的协调下,美国总统在白宫招待了海外来的与会代表。在这次会议上,有许多人被海伦吸引。海伦改变了人们认为残疾人是"接受援助和施舍的可怜人"的刻板印象,也感受到了海伦活泼开朗的个人魅力。看到海伦大方地表达自己的观点,与美国总统、学者和企业家亲密交往以及积极从事帮助残障人士的活动的形象,很多人第一次意识到,不应该嫌弃残疾人、否定残疾人。

对于残疾人来说,海伦就是他们的希望之星。

1932年,海伦被《图画评论》杂志选为当年"为女性和人类作出最大贡献的女性"。她将收到的5000美金奖金全部捐赠给辅助盲聋人的活动。许多大学都授予了海伦荣誉学位。英国格拉斯哥大学授予了海伦法学博士荣誉学位，苏格兰教育协会的审核委员会和理事会授予了她荣誉会员的称号。在英国停留期间，海伦还去了白金汉宫，受到王室成员的接见。

同年，安妮的丈夫约翰·梅西突然去世。尽管两人已经不在一起，但安妮仍然时不时地给想要当作家的约翰寄去生活费。大概是因为约翰的突然去世，安妮的身体也突然撑不住了，开始迅速衰弱下去，需要整日整夜地躺在床上休息。

1934年，安妮·沙利文老师因为癌症回家休养。她在病榻前告诉海伦："我大概不知什么时候就要去天国了，不要担心我。我将你教育至今也是为了让你能够回应这样的愿望，希望你能握住全世界盲人的手，期盼大家都能得到幸福。"当时海伦54岁，安妮·沙利文68岁。

第五章

海伦与世界

到各地演讲并慰问受伤士兵

1935 年的《社会保障法》在美国建立起社会保障制度,并专门设有关于盲人的条款,让他们也能切实得到国家提供的援助。

这时安妮的身体状况变得时好时坏,虽然海伦和波莉在家照顾,努力恢复安妮的健康,但在 1936 年 10 月 20 日,安妮还是去世了,享年 70 岁。这年海伦 56 岁。对于海伦来说,安妮就像另一个自己一样,所以朋友和家人都担心海伦可能无法从失去安妮的悲痛中走出来。然而,海伦很快振作了起来。为了缓解海伦的悲伤,波莉在苏格兰的兄弟邀请海伦前往英国旅行，于是两人很快搭上了前往英国的轮船。

在这次旅行中，海伦收到了众多来自世界各国的热情邀请。人们都期盼她的到访能改善本国残疾人的生活状况。

回到美国的海伦，卖掉原来的房子，搬到了康涅狄格州伊斯顿镇的"阿凯里奇"庄园居住。自安妮离世以来，海伦就一直想要过恬静的田园生活。"阿凯里奇"庄园保留了殖民式建筑风格，建造在一个较高的山丘上。这时，比谁都更希望世界和平的海伦收到了德国进攻波兰的消息；很快，欧洲战争的新闻也接连传到海伦这里。第二次世界大战爆发了。两年后，日军偷袭珍珠港，美国宣布参战。

海伦否定暴力行为，不断思考着在这种情况下自己可以做些什么。随后，她决定去慰问医院里受伤的士兵。

手没了，脚没了，怎么过得下去？眼睛看

不见了,耳朵听不见了,又怎么活得下去?在一片绝望中,海伦带来了一丝希望。当海伦来到士兵们的病床边时,他们都感动得流下了眼泪。海伦自身的存在就在向世人表明,即便身有残疾,也能在社会上找到自己的位置,过上充满喜悦的人生。海伦的慰问比任何一位好莱坞明星、任何一位人气歌手都更能抚慰受伤士兵的心灵。在大概半年时间里,海伦探望了共70家军队医院。

1945年5月,德国投降。8月,美国在广岛和长崎投下原子弹,随即日本接受《波茨坦公告》,宣布无条件投降。第二次世界大战结束后,美国的盲人也积极帮助英国、法国、比利时、荷兰等国的盲人。在美国海外盲人基金会(AFOB)的支持下,在此后的11年里,海伦造访了五大洲35个国家和地区,激励世界各地的残疾人。

在 1961 年海伦最后一次公开露面后，AFOB 继续以她的名义推行"海伦·凯勒爱盲计划"。1977 年，AFOB 更名为"海伦·凯勒国际"，以纪念她为盲人及弱势群体所作的贡献。

第一次亚洲盲人福利会议

3 年后的 1951 年，海伦在 AFOB 支持下前往非洲访问。她在南非看到了非常严重的种族隔离现象。她意识到，在这里，比起救助盲聋人，更紧迫的是消除种族歧视和对立，于是她公开批评种族隔离制度。

1952 年，她访问了埃及、黎巴嫩、叙利亚、约旦、以色列、法国。1953 年，她来到拉丁美洲，访问了巴西、智利、秘鲁、墨西哥、巴拿马。1955 年，她前往亚洲，访问了印度、巴基斯坦、缅甸、菲律宾以及日本。

在海伦访日结束的4个月后,第一届亚洲盲人福利会议终于成功地在东京举办。缅甸、锡兰(现在的斯里兰卡)、中国台湾、中国香港、印度、韩国、泰国、马来西亚、菲律宾、越南和日本等11个国家和地区以及世界卫生组织(WHO)、国际劳工组织(ILO)、美国海外盲人基金会(AFOB)等都派代表参加了。与会者人数超过1200人。这不仅在日本,在整个亚洲地区也算是盲人的首次国际交流。

在这之后,海伦继续着她的演讲旅行。1957年,她和波莉访问了加拿大、冰岛、丹麦、芬兰、瑞典、瑞士等国,但这是两人最后的旅行。

这年9月,波莉因脑出血病倒,病情十分严重。海伦的友人们感到十分痛心,因为没有人可以替代波莉继续支持海伦的生活。

电影导演南希·哈密尔顿、女演员凯瑟琳·康奈尔、海伦大学时期的友人莉诺和菲利普·史密斯夫妇,开始关心并帮助海伦打理日常生活。在这个时期,海伦出人意料且不作解释地断绝了与内拉的关系。直到现在,人们也还没有找到可信的解释。但不管怎样,海伦与内拉长达30年的交情戛然而止,现在海伦失去了这位可以帮她翻译新闻、编辑书籍的忠实朋友。

波莉在1960年3月去世,享年56岁,此时海伦已经80岁。海伦最后一次在公开场合露面是次年,并接受了国际狮子会的人道主义奖。此后,海伦从公共生活中彻底隐退。

在这个时期,海伦又突然声名大噪。1959年,纽约百老汇上演了根据海伦自传改编的舞台剧《奇迹创造者》并获得一片好评。其中饰演安妮·沙利文的是安妮·班克罗夫特,饰演海伦的是年仅 12 岁的帕蒂·杜克,她们后来再次聚首,拍摄了同名电影,并于 1962 年在美国上映。班克罗夫特和杜克获得了这一年的奥斯卡金像奖(最佳女主角和最佳女配角),杜克也成为截至当时荣获奥斯卡奖的最年轻演员。该剧后来还被改编成电视剧。不论什么形式,它都十分受欢迎。

1968 年 6 月 1 日,海伦在康涅狄格州伊斯顿镇的家中去世,距离她 88 岁生日(6 月 27 日)不到一个月时间。葬礼在有着新哥特式风格的华盛顿国家大教堂举行,主任牧师小弗朗西斯·B. 塞尔主持了仪式,珀金斯盲人学校的 50 名合唱团成员也从波士顿赶来参加。仪式结束后,海伦的骨灰被送入大教堂的纳骨堂,陪伴在安妮和波莉的骨灰旁边。

纳骨堂位于圣约瑟小礼拜堂的西侧,外墙上还有一块铭牌,上面用英文和盲文写着:"海伦·凯勒和她终身的同伴安妮·沙利文·梅西长眠于这个小礼拜堂后面的纳骨堂。"安妮的骨灰盒上写着:"海伦·凯勒的老师和终身的同伴,旁人再无如此之大爱。"波莉的骨灰盒上则写着:"波莉·汤姆森的美丽心灵是老师和我最为宝贵的宝藏。"

结　语

看不见。听不到。说不了。

海伦的一生伴随着这三大障碍。然而，她以永不厌倦的好奇心和强韧的精神力，还有积极的乐观精神和天生的开朗性格，终生都在不断挑战，不断克服各种障碍。海伦·凯勒告诉我们，人类的可能性是无限的。

如今，残疾人的生活环境发生了剧烈变化。他们现在得以像海伦那样探索自己的可能性，盲聋哑儿童也能够顺利地接受康复训练。

2013年，第10届海伦·凯勒世界会议暨第4届世界盲聋人联盟大会在菲律宾召开。来自世界上30多个国家和地区的200多位代表出席了会议，分享各自在盲聋人人权、社会参与、机会平等方面的经验。自1977年第1届海伦·凯勒世界会议在纽约举办以来，会议每4年一次在世界各地召开，直到今日。

但即便到今天，对于残疾人的支持并不能称得上很完备。手语翻译、盲文翻译人员不足，培训的老师不足，配套的教育系统也需要完善。对于海伦·凯勒提出的"不论是否残疾，人们都可以追求幸福的无差别社会"的目标，我们仍然任重道远，但我们正在踏踏实实地一步步前进。

年　表

年份	年龄	大事记
1824 年		（法国人路易·布莱叶发明盲文，用凸点表示法语字母表）
1861—1865 年		（南北战争以北方胜利、南方投降而告终）
1880 年	0 岁	6 月 27 日，海伦·凯勒出生于美国南方亚拉巴马州塔斯坎比亚镇
1882 年	2 岁	2 月，发高烧，勉强保住性命，但失去视力和听力
1886 年	6 岁	凯勒一家经亚历山大·贝尔介绍，向珀金斯盲人学校校长求助，后者推荐了安妮·沙利文
1887 年	7 岁	3 月 3 日，安妮·沙利文来到凯勒家；4 月 5 日，海伦认识了第一个手指语单词"water"（水）
1888 年	8 岁	来到波士顿的珀金斯盲人学校，接触到其他盲聋孩子

续表

年份	年龄	大事记
1890 年	10 岁	接受波士顿霍勒斯·曼聋人学校校长萨拉·富勒的说话训练
1891 年	11 岁	为盲聋男孩汤米·斯特林格募款;《霜之王》事件
1892 年	12 岁	接受《青年之友》杂志社的约稿,写作《我的故事》
1894 年	14 岁	接受纽约赖特-赫马森聋人学校的说话训练
1896 年	16 岁	8月,父亲阿瑟·凯勒去世;10月,进入剑桥女子学校就读
1899 年	19 岁	7月,通过拉德克利夫学院的入学考试
1900 年	20 岁	9月,开始在拉德克利夫学院的学习
1902 年	22 岁	《我的生活》在《妇女家庭杂志》上连载并在次年结集成书
1904 年	24 岁	从拉德克利夫学院毕业,成为首位获得文学学士学位的盲聋人;搬到伦瑟姆,以写作谋生
1905 年	25 岁	安妮·沙利文与约翰·梅西结婚

续表

年份	年龄	大事记
1906 年	26 岁	担任马萨诸塞州盲人委员会委员（首座"灯塔"由威妮弗雷德·霍尔特·马瑟在纽约建立）
1908 年	28 岁	出版《我所生活的世界》，获得好评
1909 年	29 岁	加入美国社会党
1913 年	33 岁	出版《冲出黑暗》，因政治倾向遭到批判
1914 年	34 岁	波莉·汤姆森开始担任秘书（第一次世界大战爆发）
1915 年	35 岁	开展反战活动
1916 年	36 岁	与彼得·费根恋爱，但在家人反对下无果而终
1917 年	37 岁	搬到纽约长岛
1918 年	38 岁	出演电影《解救》
1920 年	40 岁	与安妮一同参加歌舞杂耍表演，大受欢迎
1921 年	41 岁	母亲凯特去世（美国盲人基金会成立）

续表

年份	年龄	大事记
1924年	44岁	开始担任美国盲人基金会（AFB）的宣传大使
1925年	45岁	6月30日，在狮子会国际大会上演讲
1927年	47岁	出版《我的宗教》
1928年	48岁	AFB设立海伦·凯勒捐赠基金
1929年	49岁	出版《中流：我的后半生》
1931年	51岁	出席第一届盲人工作世界大会
1932年	52岁	访问苏格兰和英格兰，与王室成员会面；约翰·梅西去世（英国布莱叶盲文成为世界通用的标准盲文）
1936年	56岁	安妮·沙利文去世，享年70岁
1937年	57岁	第一次访问日本
1938年	58岁	出版《海伦·凯勒日记（1936—1937）》
1939年	59岁	搬到康涅狄格州伊斯顿镇（第二次世界大战爆发）
1943—1946年	63—66岁	探访军队医院，鼓励残疾伤员

续表

年份	年龄	大事记
1946年	66岁	在美国海外盲人基金会（AFOB）的支持下，开始世界巡回演讲，持续11年，足迹遍及五大洲35个国家和地区
1948年	68岁	第二次访日
1950年	70岁	（东京海伦·凯勒协会成立）
1955年	75岁	第三次来日；出版《老师：安妮·沙利文·梅西》 （第一届亚洲盲人福利会议在东京召开；传记纪录片《不可征服的人》赢得奥斯卡最佳纪录片奖）
1957年	77岁	（威廉·吉布森的话剧《奇迹创造者》在CBS播放，后来先后被改编为百老汇舞台剧、电影、电视剧）
1960年	80岁	波莉·汤姆森去世，享年56岁 （第一届残疾人奥林匹克运动会在罗马举办）
1961年	81岁	最后一次公开露面，接受国际狮子会颁发的人道主义奖；第一次中风，从公共生活中隐退

续表

年份	年龄	大事记
1968年	88岁	6月1日,在康涅狄格州伊斯顿镇的家中去世
1977年		AFOB改名为海伦·凯勒国际

参考文献

本书在写作时参考了以下书籍和资料,感兴趣的读者可进一步了解阅读,相信一定会有新的收获。另外,部分书籍可前往图书馆等处查阅。

《海伦·凯勒自传:我的青春时代》,海伦·凯勒著,川西进译,葡萄社,1982年

海伦·凯勒自传《我的生活》的日译本,追忆了大学以前的人生历程。

《我是怎样教育海伦·凯勒的:沙利文老师的回忆》,安妮·沙利文著,槙恭子译,明治图书,1990年

根据安妮·沙利文的信件整理而成。

《我的生活》《我所生活的世界》，海伦·凯勒著，多佛出版社再版，1996/2010 年
海伦用十分易读而优美的英语写成。

其他参考文献

《海伦·凯勒：克服视觉和听觉障碍，给人们带去爱和希望的社会活动家》，菲奥娜·麦克唐纳著，菊岛伊久荣译，偕成社，1994 年

《通过年谱读懂海伦·凯勒》，山崎邦夫编著，明石书店，2011 年

《海伦·凯勒的激进生活："奇迹之人"的神话与社会主义运动》，金·E. 尼尔森著，中野善达译，明石书店，2005 年

《支持海伦·凯勒的电话之父贝尔博士》，朱迪丝·St. 乔治著，片冈忍译，罗汉柏书房，

1999 年

　　特别协助：社会福利法人日本灯塔总部的早濑真纪子。

思考题

思考题 1

安妮·沙利文愿意成为海伦的家庭教师的最大原因是什么?

思考题 2

1908年,海伦出版《我所生活的世界》。海伦感到,"描写盲聋的生活已经遇到瓶颈,而盲聋问题不单纯是个人问题"。为什么这样说?

思考题 3

在安妮·沙利文去世后,海伦继续为世界各地的残疾人事业不断奋斗。是怎样的信念在支撑着海伦?